Meditation

Meditation: Wie Du mit einer einfachen 9-Schritte Anleitung für mehr Achtsamkeit, Glück, Gelassenheit, Energie, Erfolg, Liebe Wohlstand & weniger Stress in Deinem Leben sorgst!!

von Christopher Klein & Jens Helbig

Trage Dich jetzt auf Indie-Bücher.de ein und erhalte regelmäßig Buchangebote zum Aktionspreis! Abonnenten erhalten E-Books in der Woche der Veröffentlichung für nur 0,99€ und Taschenbücher sogar zum Druckkostenpreis (versandkostenfrei)! Zusätzlich erhältst Du direkt nach Deiner Eintragung einen Link, über den Du exklusives Bonusmaterial zu diesem Buch herunterladen kannst. 100% kostenlos! Sichere Dir jetzt unter www.indie-bücher.de/buchaktionen/ wertvolle Boni, exklusive Angebote und Megarabatte!

Bibliografische Information der Deutschen Nationalbibliothek: Die Deutsche Nationalbibliothek verzeichnet diese Publikation in der Deutschen Nationalbibliografie; detaillierte Daten sind im Internet abrufbar über: http://dnb.dnb.de

1. Auflage

Buchsatz & Cover: Christopher Klein
CreateSpace Independent Publishing Platform
ISBN-13: 978-3981579451
ISBN-10: 3981579453

Impressum:
GbR: Christopher Klein & Jens Helbig
Vertreten durch: Christopher Klein & Jens Hel
Kirschgartenstr. 13

Webseiten:
www.indie-bücher.de
https://www.amazon.de/-/e/B00LPWD4VY

*D*ie Benutzung dieses Buches und die Umsetzung der darin enthaltenen Informationen erfolgt ausdrücklich auf eigenes Risiko. Der Verlag und auch der Autor können für etwaige Unfälle und Schäden jeder Art, die sich beim Besuch der in diesem Buch aufgeführten Orten ergeben (z.B. aufgrund fehlender Sicherheitshinweise), aus keinem Rechtsgrund eine Haftung übernehmen. Haftungsansprüche gegen den Verlag und den Autor für Schäden materieller oder ideeller Art, die durch die Nutzung oder Nichtnutzung der Informationen bzw. durch die Nutzung fehlerhafter und/oder unvollständiger Informationen verursacht wurden, sind grundsätzlich ausgeschlossen. Rechts- und Schadenersatzansprüche sind daher ausgeschlossen. Das Werk inklusive aller Inhalte wurde unter größter Sorgfalt erarbeitet. Der Verlag und der Autor übernimmt jedoch keine Gewähr für die Aktualität, Korrektheit, Vollständigkeit und Qualität der bereitgestellten Informationen. Druckfehler und Falschinformationen können nicht vollständig ausgeschlossen werden. Der Verlag und auch der Autor übernehmen keine Haftung für die Aktualität, Richtigkeit und Vollständigkeit der Inhalte des Buches, ebenso nicht für Druckfehler. Es kann keine juristische Verantwortung sowie Haftung in irgendeiner Form für fehlerhafte Angaben und daraus entstandenen Folgen vom Verlag bzw. Autor übernommen werden. Für die Inhalte von den in diesem Buch abgedruckten Internetseiten sind ausschließlich die Betreiber der jeweiligen Internetseiten verantwortlich. Der Verlag und der Autor haben keinen Einfluss auf Gestaltung und Inhalte fremder Internetseiten. Verlag und Autor distanzieren sich daher von allen fremden Inhalten. Zum Zeitpunkt der Verwendung waren keinerlei illegalen Inhalte auf den Webseiten vorhanden.

INHALTSVERZEICHNIS

	Danksagung	
1	Vorwort	Seite 06
2	Grundlagen und Hintergründe	Seite 07
3	Das Ziel der Bewusstwerdung	Seite 08
4	Implizites und explizites Wissen	Seite 10
5	Meditation – ein Definitionsversuch	Seite 12
6	Das Ego – die verschleiernde Maske einer falschen Identität	Seite 14
7	Wie meditiert man?	Seite 18
8	Weitere Meditationspraktiken	Seite 23
	Die Zwei-Punkte Meditation	Seite 24
	Die Pranayama-Meditation	Seite 25
	Die 3. Auge Meditation	Seite 26
	Die Mantra-Meditation	Seite 27
9	Meditation und Glaubenssätze	Seite 29
10	Meditation und Gesundheit	Seite 34
11	Meditation und Glück	Seite 37
12	Meditation und Erfolg	Seite 40
13	Meditation und persönliche Entwicklung	Seite 42
14	Weitere Bücher von uns	Seite 44
	Über die Autoren	

DANKSAGUNG

Meditation hat mein Leben verändert. Meditation hat mich zu einem anderen Menschen gemacht. Meditation hat mich aus den Untiefen einer Depression geholt. Daher gilt der Dank in diesem Buch einer uralten Methode, die grundsätzlich nicht mehr von uns verlangt als still und langsam zu werden. Eigenschaften, die in unserer heutigen Gesellschaft zunehmend durch Aufregung und Beschleunigung ersetzt zu werden scheinen.

Solange Du täglich meditierst, wird auch Dein Leben plötzlich unzählige positive Wendungen nehmen
– das wünsche ich Dir.

BONUS

1 VORWORT

Dies ist ein Buch, das Dich verwandeln kann. Meditation ist nämlich nicht nur den Buddhisten vorbehalten. Und konträr der medialen Berichterstattung braucht es auch kein Leben in Enthaltsamkeit in einem abgelegenen tibetischen Kloster im Himalaya, um die Techniken zu erlernen und zu beherrschen. Jeder von uns kann sie anwenden und von ihren wohltuenden, positiven Aspekten profitieren. Obendrein kann sie als eine der wenigen Methoden im Alltag gelebt und damit immerzu eingesetzt werden. Und das zum absoluten Nulltarif! Das einzige was wir dafür investieren müssen ist unsere Zeit.

Doch wie könnten wir diese sinnvoller und passender einsetzen, als damit uns selbst weiterzuentwickeln?

Es obliegt uns, wie und in welcher Form wir die Meditation für uns nutzen wollen. Doch ohne Zweifel wird sie jeden unserer Lebensbereiche positiv transformieren – ob subtil oder mit sanfter Wucht wie im Zeitraffer.

2 GRUNDLAGEN UND HINTERGRÜNDE

In unserer westlichen Welt löst das Wort Meditation unterschiedlichste Reaktionen aus. Viele Menschen schrecken davor zurück. Sie verschließen sich, sobald sie den Ausdruck hören. Das ist auch nicht weiter verwunderlich. Schließlich verbinden sie damit dem Zeitalter des New Age entsprungene räucherstäbchen-schwingende „Esotherik-Freaks“. Und das nicht zu Unrecht! Andere verschließen sich auch aufgrund einer intuitiven inneren Angst sich wirklich selbst kennenzulernen und zu erfahren. Bei Einigen weckt der Begriff aber auch Neugier. Wiederum Andere können sich gar nichts darunter vorstellen.

All jene die aber eine Weile ernsthaft meditiert haben erkennt man sofort. Sie alle teilen dieselbe Begeisterung! Wir möchten Dir diese Begeisterung im Rahmen dieses Buches vermitteln. Denn Meditation ist eine Methode die Dein Leben praktisch von heute auf morgen, nein sogar von jetzt auf gleich verändern kann. Sie ist der Weg zum eigentlichen Ziel der Bewusstwerdung. Sinngemäß hat Paramahansa Yoganana diesen Zusammenhang in einem Zitat dargestellt:

„Beten heißt, mit Gott sprechen. Meditieren heißt, ihm zuzuhören.“

Diese tiefe Wahrheit kann nur von jedem selbst erfahren werden. Wer Methoden nicht übt, wird nur aus deren theoretischer Aneignung niemals auf den Kern stoßen und die Wahrheit erkennen. Denn in der Bewusstwerdung liegt die Quelle aller Selbsterkenntnis.

3 DAS ZIEL DER BEWUSSTWERDUNG

Meditation ist die effektivste Methode Deine Bewusstheit zu steigern. Deine Lebensqualität hängt nämlich nicht unwesentlich von Deiner Präsenz im Hier und Jetzt ab. Nein, genau daran müsste sie gemessen werden! In unbewusstem Zustand ist das Leben sonst nicht mehr als eine Ansammlung aufeinanderfolgender Situationen. Eine hohe Lebensquantität. Doch Qualität nimmt sie erst in dem Moment an, da wir jeden Augenblick tatsächlich bewusst wahrnehmen.

Je größer Deine Bewusstheit im gegenwärtigen Augenblick umso positiver wird Deine Eigenresonanz. Die Schwingungen die Du aussendest bestimmen das was zurückkommt. Letzten Endes funktionieren wir alle nicht sehr viel anders als ein Radio das Radiowellen (Schwingungen) aussendet und empfängt. Es kann aber nur jene Wellen Empfangen, für die es die Frequenz eingestellt hat. Wenn Du also negatives aussendest, wirst Du mit ziemlich großer Sicherheit Negatives in Deinem Leben erfahren. Negatives entsteht aus der Unbewusstheit heraus. Bewusstheit hingegen erzeugt positive Schwingungen. In dem Moment da Du vollkommen bewusst bist, kann Dir nichts negatives etwas anhaben. Allgemein gespochen sorgt Bewusstheit dafür, dass Deine „Eigenfrequenz" steigt. Je höher Deine Eigenfrequenz, umso weniger Negatives kann Dir etwas anhaben bzw. umso weniger Negatives wird Dir auch widerfahren. Wie wir im „Kurzguide zur Erleuchtung" schreiben ist die Bewusstwerdung der einfachste und schnellste Weg zur sogenannten Erleuchtung, die vielmehr ein Erwachen in den wunderbaren einzigartigen Augenblick des Jetzt ist.

Damit Du diese Bewusstheit Schritt für Schritt erlangst solltest Du als erstes auf die Meditation zurückgreifen. Sie ist das Werkzeug das Deine spirituelle Entwicklung raketenartig beschleunigen kann. Übst Du sie regelmäßig wird sie das auch ganz bestimmt.

„Je mehr Bewusstsein du dem inneren Körper zuwendest, umso höher wird dessen Schwingungsfrequenz, ähnlich wie Licht heller wird, wenn du den Dimmer hoch drehst und dadurch den Strom verstärkst. Auf dieser höheren energetischen Ebene kann dich nichts Negatives mehr beeinflussen, vielmehr werden sich neue Umstände ergeben, die dieser höheren Frequenz entsprechen." (Eckhart Tolle)

Meditation hat als Methode gegenüber anderen dabei einen großen Vorteil. Die Transformation läuft subtil ab. Viele andere Wege sind dagegen eher mit dem Holzhammer zu vergleichen. Sie legen nicht selten viel zu brachial unterbewusste Muster frei. Das kann gerade zu Beginn häufig viel zu intensiv sein und so stark abschrecken, dass man direkt das Interesse, die Neugier und Ausdauer verliert. Der zielgerichtete spirituelle Weg hingegen ist eher langwierig und schleichend. Momente der absoluten Bewusstheit mögen anfangs nur einen Wimpernschlag dauern und lediglich ein leichtes Gefühl des inneren Friedens und der Verbundenheit hervorrufen. Je länger und intensiver Du aber praktizierst, umso ausgedehnter werden diese Augenblicke.

4 IMPLIZITES UND EXPLIZITES WISSEN

Dir werden auf Deinem Weg Schlüsselerlebnisse widerfahren, die Dir implizit – also aus der erlebten Erfahrung heraus – bestätigen, dass Du auf dem richtigen Weg bist. Im Leben kommt der selbst er- und durchlebten Erfahrung eine elementare Bedeutung zu. Sie verwandelt graue Theorie zu innerer Weisheit. Du kannst tausende Bücher über nur ein Thema lesen und wirst dennoch niemals deren Inhalt erfahren können. Der Inhalt gelangt erst in Deinen Ereignishorizont, sobald du es mit Deinem Körper erlebst. Alle Theorie bleibt grau solange sie nicht mit dem ganzen Sein erlebt wird. Im Fachjargon nennt man diesen Unterschied explizites und implizites Wissen. Umgangssprachlich könnte man auch Glauben und Wissen sagen.

Hörst, liest oder siehst Du etwas von anderen, wird dies als die Aneignung expliziten (von außen herangetragenen) Wissens bezeichnet. Sind die Erklärungen rational und logisch nachvollziehbar sind wir schnell gewillt sie zu glauben. Du glaubst z.B., dass Ausdauertraining gut für die Gesundheit ist (wenn Du ihn selbst nicht ausübst), kannst es aber solange Du es nicht selbst erlebt hast nicht eindeutig wissen. Bestätigen, dass Theorien wahr sind, kannst du erst nach deren eigenem Erleben. Dies nennt man implizites Wissen. Wissen das von innen heraus, durch das Erleben, entsteht.

Du magst hunderte Bücher über das Golfspielen lesen und in der Theorie alles darüber wissen. Wie und auf welcher Ebene musst Du den Schläger bewegen. Wann und in welchem Winkel musst Du die Handgelenke abknicken. Wie ist das Gewicht zu verlagern und wie weit musst du ausholen. Wenn Du dann das erste Mal einen Golfschläger in die Hand nimmst wirst Du aber feststellen, dass Deine mit Theorie gespickten grauen Zellen nichts davon auf den Körper übertragen können. Erst durch tausende Wiederholungen wirst Du immer sicherer in Richtung Ziel schwingen und den Ball ins Loch bewegen können. Dann hast Du tatsächlich Wissen über das Golfspiel erlangt.

In diesem Stadium kannst Du dann theoretisches – explizites – Wissen nutzen um Dich weiterzuentwickeln. Wirklich effektives Lernen verwandelt explizites in implizites Wissen - Wasser in Wein. Dieser Schritt ist entscheidend, um von konzeptionellen Vorstellungen in Deinem Kopf wirklich profitieren zu können.

Jede Methode wird Dir nur dann nützen, wenn Du sie auch selbst anwendest. Das mag nach einer Binsenweisheit klingen ist aber die Grundvoraussetzung um sich, nicht nur spirituell, weiterzuentwickeln. Wir Menschen benötigen die körperliche Erfahrung um etwas tatsächlich Wissen zu können. Am extremsten stellt sich dieser „himmelweite" Unterschied bei der Religion heraus. Menschen können lediglich glauben, dass es „Gott" (alles das was ist und nicht ist) gibt. Tatsächlich wissen tun es nur jene, die „Gott" auch wirklich erfahren haben.

Dies ist der Grund weshalb die wenigsten phantastischen Geschichten und Überlieferungen für bare Münze genommen werden. Wenn überhaupt können sie nur geglaubt werden. Zu Wissen transformiert es sich aber eben erst in dem Augenblick, da man es selbst erfährt. Dieses Wissen mittels Selbsterfahrung kann man mit verschiedenen Techniken der Meditation, die wir in diesem Buch vorstellen, erlangen.

5 MEDITATION – EIN DEFINITIONSVERSUCH

Die Meditation ist ein derart breit gefächertes Gebiet, dass keine allgemeine und einheitliche Definition existiert. Schließlich ist auch ihr Anwendungsgebiet sowie das Feld möglicher Ansätze grenzenlos. Genau das stiftet Verwirrung und macht Platz für ein Wirrwarr an Beschreibungen und Interpretationen. Auch damit werden wir im Verlauf des Buches aufräumen.

Meditation bedeutet in erster Linie einen Weg hin zur Herrschaft über den eigenen Geist zu betreten. Der Geist ist nämlich zugleich stärkstes und schwächstes Instrument des Menschen. Je nachdem wie gut man ihn trainiert werden sich neue Pforten öffnen und Probleme in Luft auflösen. Unbewusstheit hingegen führt zu sich immer stärker negativ aufladenden Gedankenspiralen die alle positiven Ereignisse in sich aufsaugen wie ein schwarzes Loch. Übrig bleiben dann häufig nur Tristesse und Resignation.

Um die Technik der Meditation korrekt auszuführen ist Konzentration erforderlich. Ohne Konzentration ist Meditation unmöglich. Den Geist kann man nur durch Konzentration zur Ruhe bringen. Das Gegenteil, die Abwesenheit von Konzentration, erzeugt Unruhe im Geist - unkontrollierbare Gedanken. Unkontrollierte Gedanken sind so stark, dass sie sogar die Macht über das eigene Leben erlangen können. Spätestens wenn sie Dich davon überzeugen Deine Identität zu sein solltest Du daher vorsichtig werden.

Dabei handelt es sich nämlich um Dein Ego.

Ein Trick Deines Unterbewusstseins der Deine wahre Identität verschleiert. Diesen Prozess aufzudecken gelingt mit innerer Stille - der Meditation/ Kontemplation. Meditation ist ein Phänomen und eine Übung, die sich in vielen verschiedenen Ausprägungen zeigen kann.

Dazu gehören:

- Die bewusste Beobachtung des eigenen Geistes und der Gedanken (Kontemplation).
- Die bewusste Beobachtung der eigenen Handlungen und Muster.
- Das Loslassen von der Notwendigkeit äußere Bestätigungen zu ersuchen.
- Die Beruhigung des Geistes und des Körpers.
- Die Auflösung von Krankheiten und Blockaden.
- Die (Weiter)Entwicklung des Selbstbewusstseins.
- Die Transzendenz über das physische Leben hinweg.
- Die Suche nach Gott (in uns) sowie einhergehend die Suche nach dem eigenen Selbst.
- Die Erfahrung des „Eins-Sein“ mit allem was ist.
- Die unmittelbare Erfahrung des Göttlichen.
- Die Erfahrung von Dankbarkeit und die Verschmelzung mit dem Jetzt.
- Der bewusste Genuss und die pure Präsenz im gegenwärtigen Augenblick.

Diese Liste liefert Denkanstöße. Die Erfahrung der Meditation ist aber für jeden Menschen anders und kann daher nicht in Worte gefasst werden. Es sollen lediglich Kurzbeschreibungen sein, die Dir zeigen, was mit „simplem nichts tun“ alles möglich ist.

In Übereinstimmung mit dem Gesetz der Dualität zeigt sich, dass in der absoluten Stille, dem „Nichts“, die vollkommene Herrlichkeit allen Lebens und Seins steckt.

6 DAS EGO – DIE VERSCHLEIERNDE MASKE EINER FALSCHEN IDENTITÄT

Mit regelmäßiger Meditation verstärken sich Selbstvertrauen und Selbst-Bewusstsein. Wahres Selbstvertrauen kann letztlich nur erwachsen, wenn man das Selbst auch wirklich kennt. Sehr viele Menschen glauben lediglich das eigene Selbst - ihre eigene wahre Natur - zu kennen. Sie Wissen es aber nicht, da sie es noch niemals erfahren haben. Sie identifizieren sich mit den Gedanken die sie über sich selbst denken und den Worten die andere über sie sprechen. Darin liegt der größte Trugschluss und zugleich die größte Chance der Menschheit. Das erkennen des eigenen Selbst geht nämlich weit über das Denken hinaus. Solltest auch Du noch daran glauben wird für Dich wohl ein Kartenhaus einstürzen wenn wir Dir sagen:

„Du bist nicht Deine Gedanken. Nein, Deine Gedanken demonstrieren Dir ganz genau das Gegenteil. Das was, oder den der Du nicht bist!“

Auch für uns klang das zu Beginn wie eine Hiobsbotschaft. Es scheint plötzlich, dass eine Welt an die man lange geglaubt hat, in sich zusammenbricht. Als würde man aus einem Traum aufwachen, der schon ein ganzes Leben lang angedauert hat. Hast Du den ersten Schock überwunden wirst Du schnell feststellen, dass es tatsächlich gute Nachrichten sind. Die Einsicht und Erfahrung dessen, wird Dir ein Gefühl der Befreiung bringen, das Du nicht gekannt hast. Solange Du nämlich in der Gedankenwelt verhaftet bist, ist es schlichtweg unmöglich, Dich selbst zu erkennen.

„Die wahre Erkenntnis des Selbst entspringt dem Sein."

Für uns war der Begriff des Seins zunächst auch kaum zu verstehen. Darin liegt aber seine unbegrenzte Qualität. Das Sein kann man nicht erfassen und nicht logisch begreifen. Sein ist Sein - alle Erklärungen müßig. Nur das Erfahren, das implizite Wissen, kann Dir die Erkenntnis über Dein Sein und somit Dein wahres Selbst bringen. Gedanken hingegen verschleiern diese bereits in Dir schlummernde Wahrheit. Sie lenken Dich von Deinem inneren Kern ab. Diese Rückbesinnung wird Dir aber mithilfe der Meditation gelingen.

Erlangst Du dann Stück für Stück mehr Erkenntnis darüber wer Du tatsächlich bist werden auch Selbstvertrauen und Selbst-Bewusstsein wachsen. Plötzlich wirst Du Dir Selbst viel mehr ver- und zutrauen, weil Du Dein wirkliches Selbst kennst. Vorher hast Du, wenn überhaupt, nur in etwas flüchtiges „vertraut". Doch wahrhaftiges Selbstvertrauen ist grenzenlos und befreit aus einem Spiegel-Labyrinth.

Was bedeutet darüber hinaus mehr Selbst-Bewusstsein? Wie die Begrifflichkeit schon unzweideutig beschreibt heißt es sich selbst bewusst zu sein. Indem man sich selbst bewusst ist, ist man kontinuierlich mit der inneren Quelle und damit auch dem unendlichen uns umgebenden äußeren Quell verbunden. Selbstbewusstsein ist nämlich nicht besonders autoritär das eigene Ego nach außen hin darstellen zu können. Genau das Gegenteil ist einmal mehr der Fall. Wahres Selbstbewusstsein richtet die Aufmerksamkeit stetig nach innen. Du bist Dir also stetig Deines Selbst bewusst und sitzt nicht länger dem Irrglauben auf Du bestündest aus Deinen Gedanken. Somit können Ichbezogenheit, Angst und Sorgen oft unerwartet rasch überwunden werden.

Du magst fragen, wenn das alles so aussichtsreich ist, weshalb besitzen wir dann überhaupt ein Ego? Das Ego ist einfach Teil unserer Natur. Es ist das Selbstbild, das wir über die Jahre aufbauen. Es besteht aus Glaubenssätzen die wir selbst über uns haben und äußeren Umwelteinflüssen und Prägungen (insbesondere von Eltern und anderen Erziehern). Somit spiegelt das Ego nicht sehr viel wider als eine Ansammlung von Erinnerungen. Dieses „Ich" das wir, bzw. unser Geist, in vielen Jahren Arbeit mühsam aufgebaut hat versucht das Ego dann mit aller Macht aufrechtzuerhalten. Damit versucht Dich der vom Ego gesteuerte Geist davor „schützen" zu erkennen, dass Du diese Erinnerungen und dieses „Ich" schon lange nicht mehr bist. Dies kann eine schmerzhafte und nichtsdestotrotz sehr befreiende Erkenntnis sein. Schmerzhaft für das Ego, da es plötzlich seine eigene Unbedeutsamkeit erkennen würde. Sich Selbst zu erkennen bedeutet nämlich auch das. Loslassen von der eigenen Wichtigtuerei und einem „Ich" das mit dem eigenen wahren Selbst nicht das geringste zu tun hat.

„Das Ego ist der Ich-Gedanke. Das wahre Ich ist das Selbst." (Ramana Maharshi)

Heutzutage begreifen die meisten Menschen das Ego aber leider nicht als flüchtiges und instabiles Phänomen das lediglich dem Selbstzweck dient, sondern erklären es zu der entscheidenden Bezugsgröße. Wir tappen damit immer wieder in dieselbe Ego-Falle. Das, was wir als unser Selbst bezeichnen oder sehen, ist eigentlich das, was uns unser Ego mithilfe von Gedanken als Realität verkaufen will. Ein Ziel der Meditation ist es somit, die immerzu plappernden Gedanken zum Schweigen zu bringen. Wie wollen wir sonst jemals aus diesem unbewussten Traum aufwachen? Meditation ist daher im ersten Schritt die Beobachtung der Gedanken - wert- und urteilsfrei. Dieser Prozess kann in Dir die so notwendige Stille und Ruhe von der Hektik des Alltags oder gar tiefe Einblicke in Deine Seele erwirken. Meditation macht Dich zudem feinfühliger. Das heißt, dass Du sowohl für positive wie für negative Umwelteinflüsse und Gefühle offener wirst. Genieße und nutze diesen neu gewonnenen Vorteil. Er erlaubt es Dir subtile Wünsche und Interpretationen anderer wahrzunehmen, zu verstehen und mit größerem Mitgefühl zu begegnen.

Denken und nicht-Denken zusammenzubringen bedeutet die Herrschaft über das eigene Leben. Vielleicht gelangst Du ja irgendwann an den Punkt, da selbst wenn Du denkst, das nicht-Denken im Hintergrund zu hören ist. Dann hast Du stetige Bewusstheit, „Erleuchtung", erlangt. Du bist erwacht und identifizierst Dich nicht mehr mit jedem Gedanken. Alles was von Dir „übrig bleibt" ist Deine aufmerksame Präsenz.

„*Das größte und hilfreichste was man im Leben erreichen kann ist die Fähigkeit in sich zu entdecken, nicht denken zu müssen!*" (frei nach Eckhart Tolle)

7 WIE MEDITIERT MAN?

Nach reichlich Theorie - explizitem Wissen - wollen wir dieses nun endlich nutzen und in implizites Wissen transformieren. Du weißt ja, nur Deine eigene Erfahrung macht den Unterschied! Wie so häufig mit Dingen die man sich vornimmt schwebt bei jedem neuen Vorhaben stets die große Gefahr mit, dass man sie nachwenigen Tagen oder Wochen wieder über Bord wirft. Die einzige wirklich effektive Art und Weise zu erreichen, dass dies nicht passiert, ist sich Routinen zu schaffen. Wie wir an anderer Stelle erklären (siehe der Glückseffekt) dauert es in etwa drei Wochen bis Dein Unterbewusstsein einen Ablauf fest abgespeichert hat. Das bedeutet, dass die ersten drei Wochen die schwierigsten sind. Danach hast Du Dir den Prozess quasi „einprogrammiert". Schaffe Dir also die Routine täglich wenigstens morgens, viel besser noch morgens und abends, mindestens eine halbe Stunde zu meditieren. Zu Beginn magst Du viele Ausreden finden. Suche Dir daher eine feste Tageszeit und halte die Einheiten wenigstens 21 Tage lang durch. Morgens am besten direkt nach dem Aufwachen und abends direkt wenn Du von der Arbeit nach hause kommst noch bevor Du etwas anderes tust.

Für die Meditation ist ein ruhiger Ort am besten geeignet. Ein Plätzchen an dem Du Dich wohl fühlst und ungestört bist. Dieser Ort sollte nur für Deine Meditationsübungen reserviert sein. Gestalte ihn also entsprechend schön und ganz nach deinen Präferenzen. Tu alles dafür, dass Du Dich dort während Deiner stillen Momente ganz und gar wohl fülst. Du kannst ja schöne Bilder aus dem Urlaub aufhängen oder einen Buddha aufstellen - alles ist möglich und nichts verboten!

Schalte jetzt Dein Handy ab!

Platziere an Deinem „stillen Örtchen“ einen bequemen Stuhl, ein Kissen, eine Decke oder setze Dich direkt auf den Boden. Wenn du auf dem Kissen, der Decke oder dem Boden sitzt, kreuze die Beine wenn du kannst, so dass Deine Knie dem Boden näher kommen.

Warum nur ist die Sitzposition denn immer so wichtig ?
Sie sorgt dafür, dass man mit geradem Rücken meditiert. Das ist ein ganz wesentlicher Bestandteil der Übung. Stelle Dir deshalb zusätzlich vor, wie Dein Kopf an einer Schnur gerade nach oben gezogen wird. Lehne Dich nach Möglichkeit nicht an – wenn doch, tue es mit geradem Rücken. Auch wenn Dir diese Haltung anstrengend vorkommt, ist sie die mit Abstand wirkungsvollste für die Meditation. Sie macht uns aufmerksam (Stichwort Körpersprache) und lässt weder Müdigkeit noch ein Gefühl der Schläfrigkeit aufkommen. Das ist extrem wichtig, da Meditation nicht schlafen bedeutet, sondern ganz im Gegenteil absolute Präsenz. Du kannst Dich natürlich auch hinlegen, dann ist aber eine größere Gefahr des Einschlafens gegeben und es wird schwieriger für Dich sein Deinen Geist zu beherrschen. Es gilt aber immer – es gibt Schlimmeres!

Nachdem Du die ideale Position gefunden hast, atme langsam und tief in den Bauch ein. Halte die Luft kurz an und atme anschließend so lange aus, bis Deine Lunge absolut „leer“ ist. Mache das sieben Mal. Das hilft Dir Dich zu entspannen und fördert, bedingt durch die Einatmung von Sauerstoff und Ausatmung von Kohlenstoffdioxid, die Konzentration. Obendrein stärkst Du mit dieser Übung Deinen Körper und Dein Immunsystem. Diese Übung hilft mehr als 7 Tassen Kaffee. Nutze sie also gerne, wann immer Du Müde wirst.

Schließe dann Deine Augen und beginne damit ruhig zu werden und Deinen Geist zu beobachten.

Während der Meditation verändern sich die Gehirnwellen. Das ist die Frequenz in der sich das Gehirn befindet. Mithilfe der Meditation erreicht man den sogenannten Alpha-Zustand. Dann entspannt sich unser Gehirn und das Bewusstsein öffnet sich. Alle Unruhe scheint dann wie weggeblasen und tiefe Stille gepaart mit angenehmer Gedankenfreiheit dehnt sich in Dir aus. Diesen Zustand kannst Du, gerade zu Beginn wo die Ungeduld noch dominiert, durch einige Übungen wesentlich schneller erreichen. Probiere sie einfach aus und entscheide Dich dann für eine Methode die Dir am besten zusagt. Sie alle führen zu Ziel, doch nicht jede Praktik ist für jeden gleich gut geeignet daher diese kleine Auswahl.

1) Zähle langsam, beginnend mit der Zahl 100,
rückwärts bis auf Null

2) Zähle bei jeder Einatmung, von 1 beginnend,
eine Zahl weiter. Wenn Du den Faden verlierst,
weil Du Dich plötzlich im Gedankenkarussell drehst,
beginne wieder bei der Zahl 1

3) Richte Deinen Blick konzentriert
auf einen Gegenstand (z.B. eine mini Buddha-Statue)
oder ein Bild (z.B. die Blume des Lebens)

4) Stelle Dir mit aller Kraft vor, wie Dein Körper einschließlich jeder Zelle aus Licht besteht und dieses Licht - aus Deinem Herzen - immer stärker strahlt und immer weiter ausdehnt.

Gerade die letzte Übung mag komisch klingen, sie ist jedoch eine der mächtigsten Meditationsübungen überhaupt!

Du wirst gerade zu Beginn während der Übung bemerken, dass Deine Aufmerksamkeit immer wieder abschweift. Das kann sogar ziemlich schnell passieren. Kaum hast Du begonnen ploppt bereits der erste Gedanke in Deinem Geist auf und möchte Dich gerne ablenken. Aber lasse Dich nicht täuschen. Kehre, ganz egal wie oft das passieren mag, jedes mal einfach wieder zu Deiner Methode zurück. Die Ablenkungen durch Gedanken sollten Dich keineswegs stören.

Ganz im Gegenteil entwickelst Du Dich mit jedem Mal da Du den Gedanken erkennst und zur Stille zurückkehrst auf Deinem Weg weiter. Genau darin liegt die Kunst, die wir später auch erfolgreich in den Alltag integrieren wollen. Die Kunst des Erwachens.

Meditiere am besten immer gleich mindestens 30 Minuten. Du kannst Dir ja einen (Handy)Wecker stellen, der Dich mit sanfter Musik aus Deiner Meditation „aufweckt". Wenn Du die Übung dann für Dich abschließt, gönne Dir 2 weitere Minuten Ruhe und versuche mit offenen Augen absolut präsent im Hier und Jetzt zu sein.

Du wirst bemerken, dass sich etwas in Deiner Wahrnehmung verändert hat. Bleibe daher etwas sitzen und genieße Deine neu gewonnene innere Ruhe. Anfangs kann das Meditieren wirklich schwierig sein. Das ist der inneren Unruhe geschuldet, die wir, gerade im heutigen hochtechnologischen Zeitalter von Handy und Internet, alle mit uns herumtragen. Wir haben unseren Geist darauf konditioniert ständig in Alarmbereitschaft zu sein. Schließlich konnte eine wichtige Email oder eine neue Nachricht in Whatsapp eingetroffen sein. Wir sind schon beinahe wie der Drogensüchtige, der sein nächstes Quantum herbeisehnt.

Das Gehirn braucht daher einige Zeit, um sich mit dieser neuen Art des Entspannungszustandes anzufreunden bzw. ihn zu genießen. Zu Beginn ist es daher nicht verkehrt, wenn Du „nur" eine der genannten Übungen durchführst. So vermeidest Du, die Motivation zu verlieren und gewöhnst Dich langsam an Deine neue Tagesroutine und einen neuen Bewusstseinszustand. Das Ende der Welt der Meditation haben wir damit aber noch lange nicht erreicht. Vielmehr liegt vor Dir ein ganz neues Leben - ein Leben voller Bewusstheit.

8 WEITERE MEDITATIONSPRAKTIKEN

Du hast nun die ersten wichtigen Schritte auf Deinem Weg ein wirklich „Erwachter“ zu sein genommen. Es ist wirklich wichtig sich zunächst mit der Grundlage zu befassen und diese zu verinnerlichen. Es ist wie der Neubau eines Hauses. Dieser kann auch nur auf einem soliden Fundament fußen, sonst wird es relativ schnell einstürzen. Ist das Fundament aber solide, kannst Du darauf die tollsten Dinge bauen und es zu einem wunderschönen Ort machen - dem Ort Deiner Selbstverwirklichung. Diese Möbelstücke und zusätzlichen Anbauten sind andere Meditationsübungen, die wir Dir an dieser Stelle erklären möchten. Probiere ruhig alle aus und wähle wieder sorgfältig diejenige aus, die Dir besonders sympathisch ist. Wir sind ja glücklicherweise alle unterschiedlich und einzigartig und daher auch mit divergenten Vorlieben ausgestattet.

Die Methode des Herunterzählens ist deshalb so effektiv, weil man damit sogenannte Anker setzt. Der Begriff Anker entstammt der neurolinguistischen Programmierung. Anker bieten die Möglichkeit Schlüsselreize für sich zu nutzen. Schlüsselreize sorgen dafür, dass man binnen Bruchteilen von Sekunden einen gewissen Zustand hervorrufen kann.

Wenn Du also eine Meditationssitzung beendest, zähle abschließend ganz bewusst von Zehn bis Null – jedes Mal. Wenn Du nun während des Tages bemerkst, dass Du gerade vollkommen aus dem Gleichgewicht geraten bist und Dich ganz und gar nicht im Hier und Jetzt befindest, sondern Dich im Gedankenkarussel drehst, schließe die Augen und zähle von 10 auf 0.

10, 9, 8, 7, 6, 5, 4, 3, 2, 1 und Null! In unserem Buch „Erleuchtung!“ haben wir genauer erklärt, weshalb sich sich unsere Umwelt auf unseren eigenen Zustand einstellen muss und bei innerer Unruhe eben auch aus dem Gleichgewicht gerät. Durch das Herunterzählen rufst Du aber blitzschnell den von innerer Ruhe und Entspannung beseelten Zustand der Meditation hervor. Das gelingt jederzeit und überall und Du solltest diese Technik unbedingt - gerade zu Beginn wo Du noch sehr häufig in die unterbewusste Gedankenwelt hineingesogen wirst - für Dich nutzen! Nun bist Du aber wirklich voll gewappnet weitere Techniken zu erlernen.

Die Zwei-Punkte Meditation

Die Zwei-Punkte Meditation haben wir selbst entwickelt und ist gerade für Anfänger, die noch unter einem sehr unruhigen Geist leiden, absolut genial! Die Übung ist denkbar einfach und schult zugleich das Konzentrationsvermögen. Konzentriere Dich während der Meditation einfach auf zwei Punkte an Deinem Körper. Besonders gut gelingt das mit Deinen beiden Händen. Mache also zunächst Deine Lieblingsgrundübung und bringe Dich so in Deinen ganz persönlichen Meditationszustand. Konzentriere Dich dann langsam auf beide Hände und spüre sie gleichzeitig. Es kann gut sein, dass Du ein Kribbeln oder Vibrieren spürst. Das ist die fließende und pulsierende Lebensenergie, die Du wahrnimmst.

Halte Deine Konzentration nun eine ganze Meditationseinheit lang konstant auf Deine Hände gerichtet. Auch hier wirst Du - sobald Du nur eine kleine Millisekunde unaufmerksam bist - unweigerlich mit Deinem Geist abschweifen und Dich in Gedanken verlieren. Bringe Deine Aufmerksamkeit dann jedes Mal wieder zurück auf Deine beiden Hände. Diese Übung ist so wunderbar effektiv, weil es für Gedanken, solange Du Dich auf zwei Dinge gleichzeitig fokussierst, unmöglich ist, in Dein Bewusstsein einzudringen. Du verwandelst Dich also vom denkenden Ego in Dein wahres Selbst - wahrnehmende Präsenz bzw. reines Bewusstsein. Und genau das ist ja unser größtes Ziel - Distanz von Gedanken zu schaffen und absolut präsent zu sein!

Später kannst Du diese Übung auch ausweiten und Dich beispielsweise gleichzeitig auf Dein Herz und Dein Bauchregion konzentrieren. Auf diese Weise lädst Du Energiespeicher auf und aktivierst Energiezentren (sogenannte Chakren). Das Ergebnis wirst Du mit Deinem ganzen Sein erfahren. Diese innere Transformation wird sich um Dich herum wiederspiegeln.

Die Pranayama-Meditation

Pranayama wird die Meditation genannt, bei der man sich ausschließlich auf das Ein- und Ausströmen des Atems konzentriert. Sie ähnelt stark der Einführung in unsere Grundübungen. Die Atmung nimmt deshalb eine so wichtige Stellung in der spirituellen Entwicklung ein, da sie als einzigstes Organ zwar dem unwillkürlichen Nervensystem (auch vegetatives Nervensystem genannt) angehört, jedoch von uns willkürlich gesteuert werden kann. Unwillkürlich bedeutet, dass der körperliche Prozess vollkommen unbewusst abläuft. Wir müssen uns also keine Gedanken machen ob wir nun atmen, verdauen oder Blut zirkulieren lassen. Doch bei der Atmung können wir bewusst Einfluss nehmen. Wir können bewusst langsam oder schnell, kurz oder lang, atmen. Deshalb wird die Atmung meistens als die Brücke zwischen Körper und Seele, oder gar als das Tor zur Seele, bezeichnet.

Du siehst also bereits weshalb es durchaus Sinn macht, sich mit der Atmung eingehender zu beschäftigen.

Die unglaublich mächtige Wirkweise einer starken Atmung hat in jüngerer Vergangenheit der als „Iceman" bezeichnete Mann Wim Hof eindrucksvoll unter Beweis gestellt. Mit einer speziellen Atemtechnik gelang es ihm beispielsweise den Mount Everest ohne Sauerstoffflasche und nur in Badeshorts zu besteigen. Der Einfluss der Atmung auf unseren Körper und unseren Geist ist also sehr imposanter als wir lange Zeit angenommen haben. Nun lechzt Du bestimmt danach die Pranayama-Meditation zu erlernen!

Beginne wie immer mit Deiner Grundübung. Atme durch die Nase ein und durch den Mund aus. Nimm dann wahr, wie bei jedem Atemzug die Luft in Dich hineinströmt und sanft an der Innenseite der Nase entlangfließt. Bei jeder Ausatmung stömt die Luft dann durch Deinen Hals und Mund nach außen. Spüre Dich richtig hinein. Bist Du einmal in Deine Atmung versenkt verlagere deine Konzentration dann auf die Pause zwischen der Ein- und der Ausatmung bzw. der Aus- und der Einatmung.

„Diese Pause ist geprägt von einer immensen Qualität der inneren Stille und wahren Selbst-Erkenntnis."

In diesem Moment der vollkommenen Präsenz wirst Du eine tiefere Dimension in Dir entdecken die immer tiefer und zeitlich ausgedehnter zu werden scheint. Mit der Fokussierung auf den Atem wirst Du den ununterbrochenen Gedankenstrom schließlich stoppen und Dich tief transformieren.

Die 3.-Auge Meditation

Der Ausdruck drittes Auge stammt aus der morgenländischen Kultur. Es ist eines der sieben Chakren die, gemäß dem Hinduismus, jeder Mensch besitzt.

Chakren wiederum sind Lebensenergiezentren. Wem dies zu abgefahren klingt dem sei Literatur von Wilhelm Reich ans Herz gelegt. Diesem genialen, zeitlebens unterdrückten Wissenschaftler gelangen einige der bahnbrechendsten Einblicke in menschliche Prozesse. Er schaffte es als erster diese dubiose noch heute geleugnete Lebensenergie - in anderen Kulturen Chi oder Prana genannt - sichtbar zu machen und nannte sie Orgon. Der Gesamtzustand des Menschen hat insofern mit seinem energetischen Befinden zu tun. Die Energiezentren oder Chakren spiegeln dieses Befinden wider. Jedes Chakra steht dabei für einen anderen Bereich im Körper und damit auch für einen speziellen Lebensbereich.

Das dritte Auge befindet sich genau zwischen Deinen Augenbrauen (6. Chakra - Stirnchakra). Das dritte Auge steht für die Seele, den Geist, die Intuition, die Inspiration, die Visualisation und die wache Präsenz. Es ist das Energiezentrum des Geistes. Durch das Stirnchakra kann eine Verbindung zu unserer Seele, unserem wahren Selbst und nicht seinem verblendenden Ego, hergestellt werden. Außerdem stellt sich mit der Konzentration auf diesen Punkt relativ schnell Gedankenstille ein.

Vielleicht kannst Du ja sogar ein kleines brennendes Lichtlein zwischen Deinen Augenbrauen entdecken? Konzentriere Dich für den gesamten Meditationsverlauf nur auf diesen einen Punkt. Damit schärfst Du Deinen Geist, wirst präsenter, wacher und beginnst ganz sanft ein tief friedliches und liebevolles Leben in Dir zu erwecken. Du entzündest mit dieser Meditationsart die Flamme eines wirklich bewussten und selbsterfüllten Lebens.

Die Mantra-Meditation

Mantren eigenen sich besonders gut dafür, einen verwirrten nimmersatten Geist zu beruhigen. Sie sind gerade für Beginner die beste Perspektive erstaunlich rasch motivierende Effekte zu erfahren. Der Trick dieser Praktik liegt darin den Geist „mit seinen eigenen Waffen zu schlagen". Wir geben ihm nämlich weiterhin die Möglichkeit zu plappern, beschränken das Gerede jedoch auf nur ein einziges Wort, maximal einen Satz. Man wiederholt monoton und leise im Geiste ein sogenanntes Mantra - einen Satz oder nur ein Wort. Die konkrete Bedeutung der einzelnen Wörter ist zweitrangig. Es geht um den Klang und eine einfache, sogar monotone Wiederholbarkeit. Indem man das Wort konstant wiederholt hat der Geist etwas zu tun und wird beansprucht, muss sich aber nicht anstrengen. Dadurch kann man schon nach einer kurzen Zeit durch die verstärkte gegenwärtige Präsenz eine tiefere Dimension in sich selbst entdecken und öffnet die Tore zur eigenen Seele.

Typische Mantra-Silben und Worte sind z.B. die Wiederholung von „Ei-ähmmm", „Ich-bin", „Ohmmnn", „Ham-Saahh" und andere. Wähle das Mantra das Dir am meisten zusagt und bleibe dabei während Deiner Mantra-Meditationen, indem Du Dein Wort leise immer wieder wiederholst und Deinen Geist leerst.

Wenn Du willst kannst Du auch Sätze als Mantren benutzen. Sie bieten dem Geist aber nicht selten bereits zu viel Futter an. Beispiele sind Wiederholungen von: „ich bin der Wandel den ich in der Welt sehen möchte" oder „ich ändere meine Gedanken und damit meine Welt". Ganze Sätze kommen der Autosuggestion bereits sehr nahe. Daher sollten sie eher von Fortgeschrittenen genutzt werden, da man sonst zu schnell von deren Bedeutung abgelenkt und das Gegenteil der Geistesleere eintreten könnte - das Gedankenkarussell.

9 MEDITATION UND GLAUBENSSÄTZE

Nachdem wir nun theoretische Hintergründe erörtert, den Begriff Meditation definiert und einige Praktiken kennengelernt haben, können wir uns mit möglichen Ergebnissen und Einsatzmöglichkeiten beschäftigen. Da Meditation auf vielen verschiedenen Ebenen werden wir die wichtigsten in den nächsten Kapiteln herausgreifen und Zusammenhänge herstellen. Dabei sind auch dies lediglich kleine Ausschnitte eines Wirkungsgebietes der Meditationspraktik, das sich über das ganze Leben erstrecken kann. Lasse Dich also inspirieren und motivieren von der wunderbaren Gelegenheit, mithilfe der Meditation, Dein ganzes Leben neu und erfüllt zu erleben.

Wir alle „leiden" mehr oder weniger stark unter ganz bestimmten Rahmenbedingungen die wir für unser Leben als gegeben und die Wahrheit annehmen. Diese Gegebenheiten werden Glaubenssätze oder Glaubensmuster genannt. Der Begriff ist übrigens hinsichtlich der eingänglichen Erklärung expliziten und impliziten Wissens äußerst zutreffend. Schließlich sind es lediglich Muster die wir über uns und unsere Umwelt glauben. Tatsächlich wissen tun wir sie meist gar nicht, sonst wären es Wissensmuster. Glaubensmuster werden über Jahre im Unterbewusstsein entwickelt und abgespeichert. Sie als falsch zu entlarven und sogar zu transformieren ist eine der größten Herausforderungen des Lebens.

Glaubensmuster haben die Schwierigkeit an sich, dass sie von uns im Alltag völlig unerkannt bleiben. Da wir sie im Unterbewusstsein bereits als wahr abgespeichert haben stellt sie der Verstand nicht mehr in Frage.

Somit entstehen Sätze die wir über uns selbst und unsere Umwelt annehmen, die bei genauerer Betrachtung möglicherweise völlige Fehlannahmen sind. Beliebte Beispiele sind:

- „Ich bin es nicht wert“
- „Ich bin arm“
- „Niemandl iebt mich“
- „Ich kann nicht kündigen und meiner Berufung nachgehen, dafür ist es zu spät und es ist sowieso viel zu gefährlich“
- „Ich bin einsam“, etc.

Diese Liste ließe sich noch unendlich und von jedem mit neuen weiteren Glaubenssätzen fortführen. Um diese Art der Fehlannahmen über uns korrigieren zu können müssen wir sie zuerst einmal identifizieren. Meditation bietet genau dafür einen direkten Zugang. Meditation erlaubt uns nämlich (übrigens ähnlich der Hypnose) auf die riesige Datenbank unseres Unterbewusstseins zuzugreifen. Die stille Beobachtung, ohne zu werten, kann Glaubensmuster und Automatismen zurückverfolgen und identifizieren. Sobald Du also mit den obigen Übungen etwas Erfahrung gesammelt hast, kannst Du Dich diesen Übungen hingeben. Wieder sei aber darauf verwiesen, dass die Gefahr in Denk- und Gedankenspiralen zu verfallen durch die Art der Übung deutlich mehr gegeben ist.

Starte also wieder mit Deiner Lieblingsanfangs-meditation. Wenn Du das Gefühl hast tief entspannt zu sein und mit der Aufgabe loslegen zu können, beginne Deine Gedanken zu beobachten. Das allerwichtigste aber ist - bewerte sie nicht! Nimm ganz bewusst die Position eines völlig neutralen Beobachters ein. Lasse die Gedanken kommen und gehen, wie Schiffe am Horizont, Wellen im Meer oder Wolken am Himmel. Werte und urteile nicht über sie sondern schau sie mit einer inneren Distanz (fast

Ignoranz) an. Sobald Du aufhörst Deine Gedanken zu interpretieren und sie einfach nur wahrnimmst, ihnen aber keine weitere Bedeutung zukommen lässt, verlässt Du das Sumpfloch der Identifikation mit Gedanken. Du wirst in diesem Schritt feststellen, dass Deine Gedanken erst in dem Moment zu positiven oder negativen „Ereignissen" werden, da Du sie in Deinem Kopf interpretierst und abstempelst. An sich waren, sind und werden Deine Gedanken immer neutral sein.

Eine Distanz zu den Gedanken - der eigenen Maske des Egos - herzustellen ist die Basis um einen Blick in das wahre Selbst, den tieferen Kern des Seins, zu erhaschen. Das ganze Leben nur diese Übung zu praktizieren, würde alle „Probleme" (die ja stets nur in unseren Gedanken existieren) in Luft auflösen.

Hast Du diese Übung gemeistert, kannst Du später beginnen nachzuvollziehen welche Gedanken andere Gedanken auslösen. Bleibe ganz still und frage Dich aus Deiner tiefen inneren Stille heraus:

- „Woher kommt der Gedanke (welcher Gedanke ging ihm also voraus)?"
- „Und woher kommt der daraus folgende Glaubenssatz?"
- „Welche Gedanken lösen bei mir also immer wieder ganz bestimmte Denkmuster aus?"
- „Welche Gedanken erwecken in mir ein Glücksgefühl und welche ein gegenteiliges?"

Du siehst, die ersten beiden Fragen bauen direkt aufeinander auf. Die dritte und vierte Frage ist eine Folgerung der ersten beiden. Somit kannst Du einen Ursache-Wirkungszusammenhang innerhalb Deiner Gedankenwelt herstellen.

Die Antworten die Du gibst bilden die Grundlage Glaubenssätze zu zerstreuen und den Glaubenssätzen widersprechende Handlungen zu tun. Das sind meist die wertvollsten Taten. Sie verlangen von uns unsere bzw. die „Ego-Komfortzone“ zu verlassen und fernab der Meinungen anderer (nichts anderes sind die meisten Glaubenssätze) unser wahres Selbst (aus)zu( )leben.

Vielleicht entdeckst Du den Glaubenssatz: „Ich bin arm“. Woher kommt der Gedanke? Vermutlich haben das Deine Eltern viele Jahre lang gesagt und Dir diesen Glaubenssatz (natürlich ungewollt) aufoktroyiert und Du hast ihn als für Dich wahr übernommen. Dieser Glaubenssatz löst anschließend den Gedanken aus „daher kann ich niemals mein eigenes Geschäft errichten“, was in der Summe in beruflicher Hinsicht möglicherweise den Glaubenssatz „ich kann an meiner Situation sowieso nichts ändern“ ergibt. Das ist die „Ego-Komfortzone“ das uns völlig davon abhält irgendeine Aktion zu tun die etwas an der Situation ändern würde. Glaubenssätze können uns also absolut handlungsunfähig machen. Doch nur wenn wir unsere Handlungen ändern wird sich auch wirklich in unserer äußeren Umwelt eine Veränderung ergeben. Es sei der plakative und doch so wahre Ausspruch erlaubt:

„Von nix kommt nix!“

Somit ist der dritte Schritt, nachdem Du Dich gefragt und Antworten erhalten hast, auch tatsächlich Deine Handlungeweisen umzustellen und neue Wege zu gehen. Darin liegt ein Schlüssel zur Meisterschaft des Lebens. Handle außerhalb Deiner „Ego-Komfortzone“ und nutze die wache Präsenz die Du damit schaffst Dein tieferes inneres Selbst ganz intuitiv auszuleben. Was andere denken ist völlig unbedeutend, denn auch das sind nur neutrale Gedanken.

Wir werfen mithilfe der Meditation einen neuen Blickwinkel auf uns selbst, da wir realisieren, dass wir nicht unsere Gedanken sind. Zwar identifizieren wir uns sehr gerne mit ihnen, sie sind aber nicht mehr und nicht weniger als Muster, die wir uns im Laufe der Jahre durch Prägung und Konditionierung selbst „eingebrockt“ haben. Sie entspringen ja überwiedgend unserem Unterbewusstsein, das bereits bevor wir das Licht der Welt erblicken, alle Eindrücke, Geräusche und Empfindungen aufsaugt und abspeichert.

Unser wahrer Kern liegt jedoch viel tiefer verborgen. Um Glaubenssätze loszuwerden gibt es noch eine andere Methode. Beobachte Dich selbst und erkenne mit herzlicher Dankbarkeit (Herz-Energiezentrum) das an, was Du in Deinem Leben gut gemacht hast. Ignoriere dabei alles Negative, was Dir so ins Bewusstsein schießt. Du wirst bemerken, dass sich viele Glaubenssätze mit dieser Übung gar nicht vertragen. Es wäre ganz und gar ungewöhnlich, hättest Du nicht bereits jede Menge in Deinem Leben erreicht und dennoch glaubst Du vielleicht noch immer „ich bin einsam und erfolgsbefreit“.

Nutze also die Meditation dafür Licht in das Dunkel von immer wiederkehrenden Mustern, Glaubenssätzen und automatisierten Denkprogrammen zu bringen.

Auf diese Weise beginnst Du dann auch auf bekannte Situationen anders zu reagieren. Du beginnst bewusst zu denken, bevor Du handelst. Das Handeln wird folglich ein anderes sein. Und dann realisierst Du, wie sich Deine Realität verändert. All das beruht auf einer Veränderung Deiner Wahrnehmung und einer Erweiterung Deines Bewusstseins.

10 MEDITATION UND GESUNDHEIT

Die unzähligen gesundheitlichen Vorteile der Meditationspraktik sind schon lange kein Geheimnis mehr. Selbst die doch sehr dogmatisierte Schulwissenschaft erkennt heute ganz offiziell das große Gesundungs-potential von Entspannungstechniken im Allgemeinen und der Meditation im Speziellen an. Meditation (Entspannung) und Gesundheit sind untrennbar miteinander verbunden. Schließlich kann Krankheit nur dann entstehen, wenn sich der Körper im Stress befindet und Stresshormone ausschüttet. Sie schwächen das Immunsystem oder setzen es gar außer Kraft. Mit Stress ist jedoch nicht nur nervliche Anspannung in der Arbeit gemeint, sondern Stress erstreckt sich auf viele Ebenen. Das geht von körperlichem Stress bei zu viel Bewegung, über Stress durch die uns immer und überall umgebende Strahlenbelastung, bis hin zu psychischem Stress in der Beziehung. Jeder wie auch immer geartete Stress wirkt sich auf unseren Körper negativ aus, da er aus seinem natürlichen Gleichgewicht - der Homöostase - gerät. Er reagiert darauf mit der Ausschüttung von Stresshormonen und verbraucht damit wertvolle Lebensenergie die uns an anderer Stelle oder später fehlt. Ganz einfach gesagt:

„Ohne Stress keine Krankheit!“

Diesen Stress können wir mit Entspannung entgegenwirken.

Das Erfreuliche an unserem Körper ist nämlich, dass Glücks- und Entspannungshormone miese Stresshormone auffressen können. Für uns generiert die Meditation also einen weiteren großen Nutzen - Tiefenentspannung in jeder HInsicht. Denn mit jeder Meditationseinheit bringen wir unseren Geist, unsere Seele und unseren Körper zurück ins Gleichgewicht. Diese Symbiose ist das A und das O von guter Gesundheit. Nur wenn sich Körper, Geist und Seele im Gleichgewicht befinden, können wir uns wirklich wohlfühlen. Wohlbefinden wiederum ist der Gesundmacher schlechthin!

Um einen Heilungsprozess zu beschleunigen, können wir Meditationseinheiten auch spezifisch darauf ausrichten. Wir haben eine Übung dafür entwickelt die jederzeit durchgeführt werden kann und außergewöhnlich effektiv ist.

Lege beide Hände auf Dein Herz. Frauen die linke auf die rechte Hand, Männer umgekehrt. Beginne dann und zwar unabhängig von Deinem gegenwärtigen Gefühlszustand, zu lächeln und konzentriere Dich dabei mit aller Aufmerksamkeit auf beide Hände und Dein Herz. Je gekünstelter Dir das Lächeln in diesem Moment vorkommen mag, umso größeren Effekt wird es haben. Denn dann tummelten sich bereits eine beträchtliche Menge Stresshormone in Deinem Körper. Das Lächeln und zwar ganz egal ob natürlich oder gekünstelt, sorgt dafür, dass unser Körper Glückshormone ausschüttet.

Die Konzentration unseres Bewusstseins auf unsere Herzregion verstärkt diesen Effekt und hilft dem Körper, weil der Prozess zusätzlich absolut bewusst abläuft. Deine Glückshormone fressen dann Deine Stresshormone auf und entspannen Deinen Körper. Verbleibe in diesem wohligen Zustand solange Du Dich dabei wohl fühlst. Richte Deine Aufmerksamkeit weiterhin auf Deine Herzregion und die beiden darüber liegenden Hände. Und vergesse das Lächeln nicht! Du wirst sehen, dass diese Art der Meditation die persönliche Lebensfreude, gegenwärtige Laune und das empfundene Glücksgefühl auf längere Sicht beträchtlich steigern kann. Außerdem tust Du mit dieser Übung ganz automatisch etwas für Deine Gesundheit.

Mit jeder weiteren Anwendung nehmen die Stresshormone in Deinem Körper ab. Deine innere Harmonie hingegen nimmt stetig zu – für die persönliche Gesundheit gibt es nichts zuträglicheres!

Ein weiterer positiver Aspekt ganz egal welcher Meditation ist eine zunehmende Feinfühligkeit. Größere Empathie und tieferes Einfühlungsvermögen sind unweigerlich die Folge. Mitgefühl und Einfühlungsvermögen sorgen ganz von selbst dafür, dass wir besser für andere sorgen – selbst wenn dies „nur" in guten Gedanken geschieht. Dies wiederum setzt den Kreislauf von Ursache und Wirkung (auch Karma genannt) in Gang. Dieses universale Gesetz besagt schlicht und einfach, dass man das vom Leben (häufig vielfach) zurückbekommt, was man hineingibt. Geben wir also Liebe, persönliche Hilfe und Großzügigkeit hinein, werden wir diese in selbigem oder größerem Umfang auch wieder ernten. Sprüche wie

„wer Wind sät wird Sturm ernten", oder
„Du erntest immer das, was Du selbst gesät hast"

kommen schließlich nicht von ungefähr. Wir müssen dementsprechend Verantwortung für unser Leben übernehmen und aktiv werden wenn wir uns Besserungen wünschen. Das schließt auch unsere Gesundheit mit ein. Achte also bewusst darauf, wenn Du selbst nach Gesundheit, Glück und Liebe strebst, anderen Gesundheit, Glück und Liebe zu wünschen und ihnen bei der Heilung, dem glücklich werden oder Liebe zu empfangen zu unterstützen. Dann ist Deine eigene Heilung - ganz egal in welcher Hinsicht - nur noch eine Frage der Zeit.

11 MEDITATION UND GLÜCK

Mithilfe der Meditation können wir letzten Endes auch das erreichen, was man am besten als grenzenloses Glück oder Glückseligkeit bezeichnet. Meditation macht Selbstverwirklichung, die letzten Endes nichts anderes als Verwirklichung des göttlichen in uns ist, erfahrbar. Wenn wirSelbstverwirklichung erreichen, brauchen wir uns nicht mehr durch Äußerlichkeiten bzw. im Außen zu bestätigen.

Unser Ego hat sich dann von äußerlichen Zwangen, Normen und gesellschaftlichen Erwartungen befreit und gelöst. Man erwartet nichts mehr von niemandem und geht vollkommen unbeschwert durch das Leben.

Wie soll das nun genau gehen?

Die besten Antworten lassen sich in den Religionen Buddhismus und Hinduismus finden. Es dreht sich dabei um den persönlichen Weg der Befreiung von Anhaftungen. Anhaften können wir an allem: Dingen, Beziehungen, Personen oder gar an Glaubensrichtungen. Besser verständlich wird dieser Prozess, indem man ihn als ein „Loslassen" bezeichnet. Es geht Hand in Hand mit einem Leben völliger Präsenz im Hier und Jetzt. Schließlich sind alle Anhaftungen lediglich in der Gedankenwelt präsent. Sie können sich in allen möglichen unterschiedlichen Ausprägungen zeigen.

In unserer westlichen Welt haften wir insbesondere an materiellen Dingen. Das bindet unsere eigenen Ressourcen und macht uns schwach und unglücklich. Denn jede Anhaftung birgt das Potential uns ins Unglück zu stürzen. Bedenke aber, dass uns auf diesem Planeten und in diesem Universum nichts gehört, sondern alles nur temporär geliehen ist. Es kann also ein äußerst erstrebenswertes Ziel sein das „Loslassen“ selbst zu praktizieren. Es ist im Übrigen nicht zu vergleichen mit einer „mir ist alles egal“-Einstellung. Vielmehr ist es das Transzendieren von weltlichen Ebenen die ansonsten stets, in der Polarität gefangen, zwischen gut und schlecht hin- und herpendeln.

Am einfachsten ist es noch sich von materiellen Dingen zu lösen. Dabei gilt übrigens, dass wir unsere Anhänglichkeit an die Dinge wegwerfen sollen, nicht zwingend das Ding an sich. Das ist aber meist die logische Konsequenz. Evaluiere an Dir ganz persönlich, von welchen Gegenständen Du Dich bereits abhängig gemacht hast. Ein Verlust würde Dir Schmerzen bereiten. Aber nicht, weil Du das Ding an sich verloren hast, sondern weil Deine Anhänglichkeit an dieses Ding sich als Besitzbeanspruchung ausdrückt und Du Dein inneres Glück von etwas äußerem abhängig machst.

Genau das ist ein Irrweg!

So plakativ es klingen mag, langfristiges Glück können wir nur in uns selbst finden. Wir können dreißig Mal um die Welt reisen und unglücklich bleiben, wenn wir das Glück in unseren Herzen nicht entdecken. Genau dabei kann Meditation helfen. Sie löst die Anhänglichkeit an äußere Dinge sukzessive auf. Dazu gehören eben auch immaterielle „Gegenstände“, wie z.B. Beziehungen zur Familie und Freunden, der Erfolg im Job oder die Partnerschaft. Viel zu viele Menschen suchen Ihr Glück genau dort. Im Außen ist das Glück jedoch flatterhaft - es kommt und geht. Somit vollzieht sich das Leben in mehr oder weniger großen Wellen. Mal himmelhoch jauchzend, kurz darauf zu Tode betrübt. Diese Dualität erschafft unserer Geist. In der Meditation können wir dieses Dilemma überwinden, es transzendieren. Dann werden wir aufhören in gut oder schlecht, mein oder Dein zu denken, sondern zunehmend sehen wie alles eins ist und alles miteinander interagiert und für immer aneinander gebunden ist.

Daher ist die wichtigste Meditation überhaupt die bewusste gegenwärtige Präsenz. Während des Tages die gesamte Aufmerksamkeit immer wieder voll und ganz auf das Hier und Jetzt zu richten, darin erwächst wahre Glückseligkeit. Nur indem wir das Potential unseres Bewusstseins voll und ganz ausschöpfen ist spirituelles Wachstum möglich. Das Potential liegt in allen von uns. Es wartet nur darauf entdeckt und entwickelt zu werden.

Völlig bewusstes Sein - frei von Gedanken - ist der schnellste und erfolgversprechendste Zugang zur Höherentwicklung des eigenen Selbst. Das eigene Selbst zu entdecken wiederum legt den Grundstein zu wahrem Selbstvertrauen und Selbstbewusstsein und damit zu innerer andauernder Glückseligkeit. Glückseligkeit beschreibt einen Seins-Zustand den man mit dem Gefühl des flüchtigen „glücklich-seins" überhaupt nicht vergleichen kann. Das Glück an sich kommt und geht so sicher wie die Jahreszeiten. Glückseligkeit hingegen konstituiert einen tieferen Zustand des Seins, der ganz und gar unabhängig von äußeren Umständen ist. Selbst wenn die äußere Welt „untergehen" mag spürt der glückselige Mensch die tiefe Verbindung zum eigenen Selbst, seiner eigentlichen Quelle.

Immerwährende Präsenz ist also der Schlüssel. Übe und praktiziere sie also und beginne sofort damit. Egal was Du gerade tust, lege Deine gesamte Aufmerksamkeit und Konzentration darauf. Im Hier und Jetzt hat Unglück keinen Platz.

„Lebe nicht gestern und nicht morgen. Lebe völlig präsent, denn es gibt immer nur einen einzigen Moment in Deinem Leben und das ist JETZT!"

12 MEDITATION UND ERFOLG

Wenn wir mehr Konzentration und Aufmerksamkeit auf das Hier und Jetzt legen schärfen wir unsere Wahrnehmung. Die Wahrnehmung übt einen großen Einfluss auf Erfolg und Misserfolg aus. Dazwischen liegt häufig nicht mehr als im richtigen Moment die Augen offen zu halten und sich bietende Möglichkeiten zu ergreifen. Sind wir aber unbewusst und gehen wie ferngesteuert durch das Leben, werden wir genau diese Momente - den Spiegel den uns das Leben immerzu vorhält - niemals wahrnehmen. Selbst wenn wir mit weit aufgerissenen Augen darauf starren. Tägliche Meditation schärft unsere Aufmerksamkeit. Sie macht es einfacher mehr „Zeit" im Hier und Jetzt zu verbringen. Praktiziere volles Bewusstsein über den Tag. Tag für Tag. Sei so aufmerksam wie möglich. Führe jeden Handgriff und jede Konversation in vollem Bewusstsein aus.

Es wird Dich überraschen wie schwierig das ist und wie viel kostbare Lebenszeit wir scheinbar völlig unbewusst verbringen. Gelingt Dir diese Übung häufiger, wirst Du auch Konversationen aufmerksamer lauschen und für Zwischentöne sensibler. Wie bereits erklärt kommt Erfolg nicht von ungefähr. Wir müssen vorher etwas geleistet - etwas gegeben haben. Was kann also kostbarer sein, als dem Gegenüber die eigene volle Aufmerksamkeit zu schenken?

Die Wahrnehmung wird sich schärfen und sich bietende Möglichkeiten plötzlich ständig vor Dir auftun. Du wirst gar nicht mehr wissen wohin mit all den Eindrücken und Dich wundern, weshalb Du so lange den Wald vor lauter Bäumen nicht gesehen hast. Die Wahrnehmung der Möglichkeiten allein reicht jedoch für Erfolg nicht aus.

Zur Erfolgsformel fehlt noch der entscheidende Schritt.

„Erfolg hat drei Buchstaben, TUN!“
(Johann Wolfgang von Goethe)

Dem ist nicht viel mehr hinzuzufügen. Nutze die gewonnene geschärfte Aufmerksamkeit und schlage daraus Kapital. Du kannst nämlich nur dann wirklich profitieren, wenn Du auch zur Tat schreitest. Leite also alle notwendigen Schritte ein. Sei es, das Gespräch mit dem Chef, die Kündigung um sich endlich selbständig zu machen, das Ansprechen des Traumpartners oder den Visaprozess für das Traumland enzuleiten, um endlich auszuwandern. Ganz egal was es ist, nimm es in die Hand. Je schneller umso besser. Am besten noch bevor Du darüber nachzudenken beginnst. Das berühmte Kopfkino beginnt nämlich nach ziemlich genau drei Sekunden. Dann wird Dein Geist alle möglichen Ausreden erfinden um das genau nicht zu tun. Deine Gedanken beherrschen Dich und Du bist wieder zurück im unbewussten Automatik-Modus. Glücklicherweise weißt Du nun, wie Du ihn wieder verlassen kannst.

Vertraue also Deiner neu gewonnen Intuition und leite jeden für Dich notwendigen Wandel ein. Denke daran, dass der kleinste Schritt schon großes bewirken kann. Sicher ist, dass der Erfolg, wenn man wirklich aufmerksam lebt – und diese Aufmerksamkeit in der Meditation stetig schult und weiterentwickelt – nicht lange auf sich warten lässt und sich sogar potenzieren wird. Im Sport würde man vermutlich von Doping sprechen und in der Wirtschaft von unlauterer Wettbewerbsverzerrung. Meditation hingegen ist völlig legal und bietet unzählige weitere Vorteilen in jedem erdenklichen Bereich des Lebens. Warte also bloß nicht damit irgendwann endlich Dein Leben zu leben - das gelingt immer nur im Jetzt!

13 MEDITATION UND PERSÖNLICHE ENTWICKLUNG

Der Meditation wohnt eine transformative Kraft inne, die unser Leben praktisch schon nach einer einzigen Einheit neu formen kann. In jedem Fall dafür sorgen, dass wir uns persönlich, gesundheitlich, beruflich, spirituell und in zwischenmenschlicher Hinsicht weiterentwickeln werden. Alle Entwicklung bleibt jedoch aus, wenn wir nicht anfangen. Nur die Erfahrung macht den Unterschied. Schaffe Dir also eine Meditationsroutine und halte sie ein - komme was wolle. Meditiere am besten zwei Mal pro Tag – morgens und abends – zu immer denselben Uhrzeiten. Es wird 21 Tage dauern, bis sich diese Routine in Deinen Tagesablauf eingeschliffen hat. Dann haben sich neue Synapsenverbindungen im Gehirn gebildet. Die Routine hat sich physisch in Deinen Körper eingraviert und Du bzw. Dein Gehirn verlangt sogar die Ruhe der Meditation von Dir. Du wirst sie nicht mehr missen wollen!

Die Routine ist deshalb so wichtig, weil unser Leben überwiegend aus Routinen besteht. Schon Aristoteles sagte, dass Jedermann und Jederfrau ist, was er wiederholt tut. Folge diesem Spruch in jeder Hinsicht Deines Lebens und eine Transformation wird nicht lange auf sich warten lassen.

Hast Du größeren Gefallen an diesem Thema gefunden, schreibe Dich zusätzlich in einer Meditationsgruppe ein. Vor allem aber beschäftige Dich – theoretisch und ganz besonders praktisch – tiefer damit. Nurimplizites Wissen, Wissen das wir selbst erfahren haben, prägt uns und unser Leben wirklich tief. Die Meditation macht genau das, sie leitet Transformation ein.

Also, auf in ein neues Leben!

Viel Spaß dabei und genieße jeden Moment, denn keinen Moment im Leben bekommt man zweimal. Jeder Moment ist absolut einzigartig. Deshalb sollten wir jeden Moment bestmöglich auskosten, genießen und dafür dankbar sein.

Deine Rezension

Wenn Dir dieses Büchlein gefallen und weitergeholfen hat, dann würden wir uns riesig darüber freuen, wenn Du es auf Amazon positiv bewertest (der direkte Zugangslink lautet: http://amzn.to/2f4sR1J). Vielen Dank, damit hilfst Du uns wirklich sehr!

Gerne kannst Du uns Dein Feedback und Deine Erfahrungen auch per eMail an **info@jcbooks.de** zukommen lassen. Wir freuen uns über jede Zuschrift und antworten immer, obgleich der vielen Zuschriften manchmal mit etwas zeitlicher Verzögerung.

14 WEITERE BÜCHER VON UNS

Wenn Du Gefallen an diesem Buch gefunden hast, wirst Du bestimmt auch von unseren anderen Werken begeistert sein. Stöbere Dich doch einfach mal durch unsere Seite:

https://www.amazon.de/-/e/B00LPWD4VY

Oder lasse Dich von nachfolgenden Titeln inspirieren:

Der Glückseffekt: Der geniale Schritt-für-Schritt Ratgeber wie Du Depressionen überwinden und Lebensfreude zurückgewinnen kannst: http://amzn.to/2ezZzrZ

Erleuchtung für Faule und Beschäftigte: 7 ultimative Schritte zur Spiritualität, Selbstfindung, Selbstverwirklichung, Achtsamkeit & Glückseligkeit - Erwachen und dabei Stress reduzieren und bewältigen: http://amzn.to/2h9Tt6X

Autosuggestion: Wie Du mit mentalem Training und positiver geistiger Selbstbeeinflussung gesund werden, Depressionen überwinden, Lebensfreude zurückgewinnen, glücklicher Leben & alles erreichen kannst: http://amzn.to/2fV9jAT

Visualisierung: 6 ultimative Schritte zu mehr Erfolg, Glück, Liebe, Gesundheit, Wohlstand & Reichtum, durch mentales Training und korrekte Nutzung Deiner Vorstellungskraft: http://amzn.to/2h5TvZk

Ziele finden, setzen und erreichen: In 11 einfachen Schritten systematisch & stressfrei Träume verwirklichen, Glück & Wohlstand erreichen: http://amzn.to/2h6xLwE

Erfolgreich werden: 99 geniale Tipps & Erfolgs-stragegien der erfolgreichsten Menschen aller Zeiten für mehr Erfolg durch passives Einkommen, Morgen-routinen, positives Denken, unbegrenzte Motivation, ein Erfolgsjournal, u.v.m.: http://amzn.to/2f7Zb3D

Der Hamster verlässt das Rad: Der Weg zur finanziellen Freiheit und Autarkie (Passives Einkommen, Vermögen aufbauen, Geld sparen, Geld verdienen, Geld und Finanzen für Anfänger): http://amzn.to/2jHdXp2

Tag auf Tag im Hamsterrad: Wie das Geld- und Wirtschaftssystem funktioniert und uns zu Hamstern macht (Das ultimative Geldsystem & Hamsterrad Buch): http://amzn.to/2jaozM1

Wir wünschen Dir weiterhin viel Spaß beim Lesen und viele neue und wichtige Erkenntnisse für Deinen ganz individuellen Lebensweg!

Chris & Jens

ÜBER DIE AUTOREN

Wir sind Christopher Klein (Chris) und Jens Helbig – leidenschaftliche Autoren und Selbsterforscher. Während unserem Studium der Wirtschaftswissenschaften an der Uni (Abschluss M. Sc.) haben wir unsere Liebe zum Buch und der wunderbaren Möglichkeit entdeckt, damit anderen Menschen (in bedeutsamen Lebenssituationen) weiterzuhelfen und einen entscheidenden Handlungsanstoß zu geben. Schließlich ergibt sich der wesentliche Unterschied hinsichtlich der Ergebnisse vieler Menschen – ganz gleich in welchen Lebensbereichen – durch ihr Handeln & Tun.

Direkt mit unserem ersten Buch landeten wir dann einen Bestseller ("Tag auf Tag im Hamsterrad"). Das Buch erhielt zahlreiche positive Kritiken und breite Medienaufmerksamkeit. Mit der Veröffentlichung entschlossen wir uns dazu unserer Leidenschaft und Bestimmung zu folgen. Aus "Teilzeitstudenten" wurden Vollzeitautoren, (Selbster)Forscher, Motivationskünstler und Lifehacker.

In unseren Büchern erhält der Leser zunächst immer einen kompakten aber fundierten Einblick in die Funktionsweise der dahinter liegenden Prinzipien. Anschließend geht es insbesondere um deren praktische Umsetzung unter der Zuhilfenahme erprobter Übungen und Methoden. Der Fokus liegt auf der sofortigen Anwendung. Statt in der Anhäufung grauer Theorie stecken zu bleiben, liegt das Augenmerk auf der dynamischen Entwicklung durch sich selbst verstärkende positive Resultate aus der Praxis.

Email: info@jcbooks.de
Facebook: https://www.facebook.com/CHRISundJENS/
Instagram: https://www.instagram.com/chrisundjens/

24423710R00028

Printed in Poland
by Amazon Fulfillment
Poland Sp. z o.o., Wrocław